Stylish Daily
Pocket Planner

Activinotes

DAILY JOURNALS, PLANNERS, NOTEBOOKS AND OTHER BLANK BOOKS

Copyright 2016

_____

Name

_____

Address

_____

Contact Number

_____

Email Address

DAILY DOCKET

Stay on top of where you need to be and which tasks definitely and positively must get done today

today's date:

today, i must do:

today's goals:

today, i must contact:

notes

DAILY SCHEDULE

date:

6 am

7 am

8 am

9 am

10 am

11 am

12 am

1 pm

2 pm

3 pm

4 pm

5 pm

6 pm

7 pm

8 pm

9 pm

date:

M W T Th F Sa Su

TODAY'S TASK

Calls

Agendas

Follow -ups

Time

Task

DAILY DOCKET

Stay on top of where you need to be and which tasks definitely and positively must get done today

today's date:

today, i must do:

today's goals:

today, i must contact:

notes

DAILY SCHEDULE

date:

6 am

7 am

8 am

9 am

10 am

11 am

12 am

1 pm

2 pm

3 pm

4 pm

5 pm

6 pm

7 pm

8 pm

9 pm

date:

M   W   T   Th   F   Sa   Su

TODAY'S TASK

Calls

_____
_____
_____
_____
_____

Agendas

_____
_____
_____
_____
_____

Follow -ups

_____
_____
_____
_____
_____

Time	Task
_____	_____
_____	_____
_____	_____
_____	_____
_____	_____
_____	_____
_____	_____
_____	_____
_____	_____
_____	_____
_____	_____
_____	_____
_____	_____
_____	_____
_____	_____
_____	_____
_____	_____
_____	_____
_____	_____
_____	_____
_____	_____

DAILY DOCKET

Stay on top of where you need to be and which tasks definitely and positively must get done today

today's date:

today, i must do:

today's goals:

today, i must contact:

notes

DAILY SCHEDULE

date:

6 am

7 am

8 am

9 am

10 am

11 am

12 am

1 pm

2 pm

3 pm

4 pm

5 pm

6 pm

7 pm

8 pm

9 pm

date:

M   W   T   Th   F   Sa   Su

TODAY'S TASK

Calls

_____
_____
_____
_____
_____

Agendas

_____
_____
_____
_____
_____

Follow -ups

_____
_____
_____

Time	Task
_____	_____
_____	_____
_____	_____
_____	_____
_____	_____
_____	_____
_____	_____
_____	_____
_____	_____
_____	_____
_____	_____
_____	_____
_____	_____
_____	_____
_____	_____
_____	_____
_____	_____
_____	_____
_____	_____
_____	_____

DAILY DOCKET

Stay on top of where you need to be and which tasks definitely and positively must get done today

today's date:

today, i must do:

today's goals:

today, i must contact:

notes

DAILY SCHEDULE

6 am

7 am

8 am

9 am

10 am

11 am

12 am

1 pm

2 pm

3 pm

4 pm

5 pm

6 pm

7 pm

8 pm

9 pm

date:

M   W   T   Th   F   Sa   Su

Calls

_____
_____
_____
_____
_____

Agendas

_____
_____
_____
_____
_____

Follow -ups

_____
_____
_____
_____
_____

Time	Task
_____	_____
_____	_____
_____	_____
_____	_____
_____	_____
_____	_____
_____	_____
_____	_____
_____	_____
_____	_____
_____	_____
_____	_____
_____	_____
_____	_____
_____	_____
_____	_____
_____	_____
_____	_____
_____	_____
_____	_____
_____	_____
_____	_____

DAILY DOCKET

Stay on top of where you need to be and which tasks definitely and positively must get done today

today's date:

today, i must do:

today's goals:

today, i must contact:

notes

DAILY SCHEDULE

date:

6 am

7 am

8 am

9 am

10 am

11 am

12 am

1 pm

2 pm

3 pm

4 pm

5 pm

6 pm

7 pm

8 pm

9 pm

date:

M   W   T   Th   F   Sa   Su

TODAY'S TASK

Calls

_____
_____
_____
_____

Agendas

_____
_____
_____
_____

Follow -ups

_____
_____
_____
_____

Time	Task
_____	_____
_____	_____
_____	_____
_____	_____
_____	_____
_____	_____
_____	_____
_____	_____
_____	_____
_____	_____
_____	_____
_____	_____
_____	_____
_____	_____
_____	_____
_____	_____
_____	_____
_____	_____
_____	_____
_____	_____

DAILY DOCKET

Stay on top of where you need to be and which tasks definitely and positively must get done today

today's date:

today, i must do:

today's goals:

today, i must contact:

notes

DAILY SCHEDULE

date:

6 am

7 am

8 am

9 am

10 am

11 am

12 am

1 pm

2 pm

3 pm

4 pm

5 pm

6 pm

7 pm

8 pm

9 pm

date:

M   W   T   Th   F   Sa   Su

TODAY'S TASK

Calls

Agendas

Follow -ups

Time	Task

DAILY DOCKET

Stay on top of where you need to be and which tasks definitely and positively must get done today

today's date:

today, i must do:

today's goals:

today, i must contact:

notes

DAILY SCHEDULE

date:

6 am

7 am

8 am

9 am

10 am

11 am

12 am

1 pm

2 pm

3 pm

4 pm

5 pm

6 pm

7 pm

8 pm

9 pm

date:

M   W   T   Th   F   Sa   Su

TODAY'S TASK

Calls

Agendas

Follow -ups

Time	Task

DAILY DOCKET

Stay on top of where you need to be and which tasks definitely and positively must get done today

today's date:

today, i must do:

today's goals:

today, i must contact:

notes

DAILY SCHEDULE

6 am

7 am

8 am

9 am

10 am

11 am

12 am

1 pm

2 pm

3 pm

4 pm

5 pm

6 pm

7 pm

8 pm

9 pm

date:

M   W   T   Th   F   Sa   Su

TODAY'S TASK

Calls

Agendas

Follow -ups

Time	Task

DAILY DOCKET

Stay on top of where you need to be and which tasks definitely and positively must get done today

today's date:

today, i must do:

today's goals:

today, i must contact:

notes

DAILY SCHEDULE

date:

6 am

7 am

8 am

9 am

10 am

11 am

12 am

1 pm

2 pm

3 pm

4 pm

5 pm

6 pm

7 pm

8 pm

9 pm

TODAY'S TASK

date:

M   W   T   Th   F   Sa   Su

Calls

Agendas

Follow -ups

Time	Task
_____	_____
_____	_____
_____	_____
_____	_____
_____	_____
_____	_____
_____	_____
_____	_____
_____	_____
_____	_____
_____	_____
_____	_____
_____	_____
_____	_____
_____	_____
_____	_____
_____	_____
_____	_____
_____	_____
_____	_____

DAILY DOCKET

Stay on top of where you need to be and which tasks definitely and positively must get done today

today's date:

today, i must do:

today's goals:

today, i must contact:

notes

DAILY SCHEDULE

date:

6 am

7 am

8 am

9 am

10 am

11 am

12 am

1 pm

2 pm

3 pm

4 pm

5 pm

6 pm

7 pm

8 pm

9 pm

TODAY'S TASK

date:

M   W   T   Th   F   Sa   Su

Calls

Agendas

Follow -ups

Time	Task

DAILY DOCKET

Stay on top of where you need to be and which tasks definitely and positively must get done today

today's date:

today, i must do:

today's goals:

today, i must contact:

notes

DAILY SCHEDULE

date:

6 am

7 am

8 am

9 am

10 am

11 am

12 am

1 pm

2 pm

3 pm

4 pm

5 pm

6 pm

7 pm

8 pm

9 pm

date:

M   W   T   Th   F   Sa   Su

TODAY'S TASK

Calls

Agendas

Follow -ups

Time	Task

DAILY DOCKET

Stay on top of where you need to be and which tasks definitely and positively must get done today

today's date:

today, i must do:

today's goals:

today, i must contact:

notes

DAILY SCHEDULE

date:

6 am

7 am

8 am

9 am

10 am

11 am

12 am

1 pm

2 pm

3 pm

4 pm

5 pm

6 pm

7 pm

8 pm

9 pm

date:

M   W   T   Th   F   Sa   Su

TODAY'S TASK

Calls

Agendas

Follow -ups

Time	Task

DAILY DOCKET

Stay on top of where you need to be and which tasks definitely and positively must get done today

today's date:

today, i must do:

today's goals:

today, i must contact:

notes

DAILY SCHEDULE

6 am

7 am

8 am

9 am

10 am

11 am

12 am

1 pm

2 pm

3 pm

4 pm

5 pm

6 pm

7 pm

8 pm

9 pm

date:

M   W   T   Th   F   Sa   Su

TODAY'S TASK

Calls

Agendas

Follow -ups

Time	Task

DAILY DOCKET

Stay on top of where you need to be and which tasks definitely and positively must get done today

today's date:

today, i must do:

today's goals:

today, i must contact:

notes

DAILY SCHEDULE

date:

6 am

7 am

8 am

9 am

10 am

11 am

12 am

1 pm

2 pm

3 pm

4 pm

5 pm

6 pm

7 pm

8 pm

9 pm

TODAY'S TASK

date:

M   W   T   Th   F   Sa   Su

Calls

_____
_____
_____
_____
_____

Agendas

_____
_____
_____
_____
_____

Follow -ups

_____
_____
_____
_____

Time	Task
_____	_____
_____	_____
_____	_____
_____	_____
_____	_____
_____	_____
_____	_____
_____	_____
_____	_____
_____	_____
_____	_____
_____	_____
_____	_____
_____	_____
_____	_____
_____	_____
_____	_____
_____	_____
_____	_____
_____	_____

DAILY DOCKET

Stay on top of where you need to be and which tasks definitely and positively must get done today

today's date:

today, i must do:

today's goals:

today, i must contact:

notes

DAILY SCHEDULE

date:

6 am

7 am

8 am

9 am

10 am

11 am

12 am

1 pm

2 pm

3 pm

4 pm

5 pm

6 pm

7 pm

8 pm

9 pm

date:

M   W   T   Th   F   Sa   Su

TODAY'S TASK

Calls

Agendas

Follow -ups

Time	Task
_____	_____
_____	_____
_____	_____
_____	_____
_____	_____
_____	_____
_____	_____
_____	_____
_____	_____
_____	_____
_____	_____
_____	_____
_____	_____
_____	_____
_____	_____
_____	_____
_____	_____
_____	_____

DAILY DOCKET

Stay on top of where you need to be and which tasks definitely and positively must get done today

today's date:

today, i must do:

today's goals:

today, i must contact:

notes

DAILY SCHEDULE

date:

6 am

7 am

8 am

9 am

10 am

11 am

12 am

1 pm

2 pm

3 pm

4 pm

5 pm

6 pm

7 pm

8 pm

9 pm

date:

M W T Th F Sa Su

TODAY'S TASK

Calls

Agendas

Follow -ups

Time	Task

DAILY DOCKET

Stay on top of where you need to be and which tasks definitely and positively must get done today

today's date:

today, i must do:

today's goals:

today, i must contact:

notes

DAILY SCHEDULE

date:

6 am

7 am

8 am

9 am

10 am

11 am

12 am

1 pm

2 pm

3 pm

4 pm

5 pm

6 pm

7 pm

8 pm

9 pm

date:

M   W   T   Th   F   Sa   Su

TODAY'S TASK

Calls

Agendas

Follow -ups

Time	Task
_____	_____
_____	_____
_____	_____
_____	_____
_____	_____
_____	_____
_____	_____
_____	_____
_____	_____
_____	_____
_____	_____
_____	_____
_____	_____
_____	_____
_____	_____
_____	_____
_____	_____
_____	_____
_____	_____
_____	_____

DAILY DOCKET

Stay on top of where you need to be and which tasks definitely and positively must get done today

today's date:

today, i must do:

today's goals:

today, i must contact:

notes

DAILY SCHEDULE

date:

6 am

7 am

8 am

9 am

10 am

11 am

12 am

1 pm

2 pm

3 pm

4 pm

5 pm

6 pm

7 pm

8 pm

9 pm

date: _____

TODAY'S TASK

M   W   T   Th   F   Sa   Su

Calls

_____
_____
_____
_____
_____

Agendas

_____
_____
_____
_____
_____

Follow -ups

_____
_____
_____
_____

Time	Task
_____	_____
_____	_____
_____	_____
_____	_____
_____	_____
_____	_____
_____	_____
_____	_____
_____	_____
_____	_____
_____	_____
_____	_____
_____	_____
_____	_____
_____	_____
_____	_____
_____	_____
_____	_____
_____	_____
_____	_____

DAILY DOCKET

Stay on top of where you need to be and which tasks definitely and positively must get done today

today's date:

today, i must do:

today's goals:

today, i must contact:

notes

DAILY SCHEDULE

date:

6 am

7 am

8 am

9 am

10 am

11 am

12 am

1 pm

2 pm

3 pm

4 pm

5 pm

6 pm

7 pm

8 pm

9 pm

date:

M   W   T   Th   F   Sa   Su

TODAY'S TASK

Calls

Agendas

Follow -ups

Time   ## Task

DAILY DOCKET

Stay on top of where you need to be and which tasks definitely and positively must get done today

today's date:

today, i must do:

today's goals:

today, i must contact:

notes

DAILY SCHEDULE

date:

6 am

7 am

8 am

9 am

10 am

11 am

12 am

1 pm

2 pm

3 pm

4 pm

5 pm

6 pm

7 pm

8 pm

9 pm

date:

M   W   T   Th   F   Sa   Su

TODAY'S TASK

Calls

Agendas

Follow-ups

Time	Task
_____	_____
_____	_____
_____	_____
_____	_____
_____	_____
_____	_____
_____	_____
_____	_____
_____	_____
_____	_____
_____	_____
_____	_____
_____	_____
_____	_____
_____	_____
_____	_____
_____	_____
_____	_____
_____	_____
_____	_____

DAILY DOCKET

*Stay on top of where you need to
be and which tasks definitely and
positively must get done today*

today's date:

today, i must do:

today's goals:

today, i must contact:

notes

DAILY SCHEDULE

date:

6 am

7 am

8 am

9 am

10 am

11 am

12 am

1 pm

2 pm

3 pm

4 pm

5 pm

6 pm

7 pm

8 pm

9 pm

TODAY'S TASK

date:

M   W   T   Th   F   Sa   Su

Calls

Agendas

Follow -ups

Time	Task

DAILY DOCKET

Stay on top of where you need to be and which tasks definitely and positively must get done today

today's date:

today, i must do:

today's goals:

today, i must contact:

notes

DAILY SCHEDULE

6 am

7 am

8 am

9 am

10 am

11 am

12 am

1 pm

2 pm

3 pm

4 pm

5 pm

6 pm

7 pm

8 pm

9 pm

date:

M   W   T   Th   F   Sa   Su

TODAY'S
TASK

Calls

Agendas

Follow -ups

Time	Task

DAILY DOCKET

Stay on top of where you need to be and which tasks definitely and positively must get done today

today's date:

today, i must do:

today's goals:

today, i must contact:

notes

DAILY SCHEDULE

date:

6 am

7 am

8 am

9 am

10 am

11 am

12 am

1 pm

2 pm

3 pm

4 pm

5 pm

6 pm

7 pm

8 pm

9 pm

TODAY'S TASK

date:

M   W   T   Th   F   Sa   Su

Calls

Agendas

Follow -ups

Time	Task

DAILY DOCKET

Stay on top of where you need to be and which tasks definitely and positively must get done today

today's date:

today, i must do:

today's goals:

today, i must contact:

notes

DAILY SCHEDULE

date:

6 am

7 am

8 am

9 am

10 am

11 am

12 am

1 pm

2 pm

3 pm

4 pm

5 pm

6 pm

7 pm

8 pm

9 pm

date:

M   W   T   Th   F   Sa   Su

TODAY'S TASK

Calls

_____
_____
_____
_____
_____

Agendas

_____
_____
_____
_____
_____

Follow -ups

_____
_____
_____
_____
_____

Time	Task
_____	_____
_____	_____
_____	_____
_____	_____
_____	_____
_____	_____
_____	_____
_____	_____
_____	_____
_____	_____
_____	_____
_____	_____
_____	_____
_____	_____
_____	_____
_____	_____
_____	_____
_____	_____

DAILY DOCKET

Stay on top of where you need to be and which tasks definitely and positively must get done today

today's date:

today, i must do:

today's goals:

today, i must contact:

notes

DAILY SCHEDULE

date:

6 am

7 am

8 am

9 am

10 am

11 am

12 am

1 pm

2 pm

3 pm

4 pm

5 pm

6 pm

7 pm

8 pm

9 pm

date:

M   W   T   Th   F   Sa   Su

TODAY'S TASK

Calls

_____
_____
_____
_____

Agendas

_____
_____
_____
_____

Follow -ups

_____
_____
_____

Time	Task
_____	_____
_____	_____
_____	_____
_____	_____
_____	_____
_____	_____
_____	_____
_____	_____
_____	_____
_____	_____
_____	_____
_____	_____
_____	_____
_____	_____
_____	_____
_____	_____
_____	_____
_____	_____

DAILY DOCKET

Stay on top of where you need to be and which tasks definitely and positively must get done today

today's date:

today, i must do:

today's goals:

today, i must contact:

notes

DAILY SCHEDULE

date:

6 am

7 am

8 am

9 am

10 am

11 am

12 am

1 pm

2 pm

3 pm

4 pm

5 pm

6 pm

7 pm

8 pm

9 pm

date:

M   W   T   Th   F   Sa   Su

TODAY'S TASK

Calls

_____
_____
_____
_____
_____

Agendas

_____
_____
_____
_____
_____

Follow -ups

_____
_____
_____
_____
_____

Time	Task
_____	_____
_____	_____
_____	_____
_____	_____
_____	_____
_____	_____
_____	_____
_____	_____
_____	_____
_____	_____
_____	_____
_____	_____
_____	_____
_____	_____
_____	_____
_____	_____
_____	_____
_____	_____
_____	_____

DAILY DOCKET

Stay on top of where you need to be and which tasks definitely and positively must get done today

today's date:

today, i must do:

today's goals:

today, i must contact:

notes

DAILY SCHEDULE

date:

6 am

7 am

8 am

9 am

10 am

11 am

12 am

1 pm

2 pm

3 pm

4 pm

5 pm

6 pm

7 pm

8 pm

9 pm

date:

M W T Th F Sa Su

Calls

Agendas

Follow -ups

Time	Task
_____	_____
_____	_____
_____	_____
_____	_____
_____	_____
_____	_____
_____	_____
_____	_____
_____	_____
_____	_____
_____	_____
_____	_____
_____	_____
_____	_____
_____	_____
_____	_____
_____	_____
_____	_____
_____	_____
_____	_____

DAILY DOCKET

Stay on top of where you need to be and which tasks definitely and positively must get done today

today's date:

today, i must do:

today's goals:

today, i must contact:

notes

DAILY SCHEDULE

date:

6 am

7 am

8 am

9 am

10 am

11 am

12 am

1 pm

2 pm

3 pm

4 pm

5 pm

6 pm

7 pm

8 pm

9 pm

date:

M W T Th F Sa Su

TODAY'S TASK

Calls

Agendas

Follow -ups

Time	Task

DAILY DOCKET

Stay on top of where you need to be and which tasks definitely and positively must get done today

today's date:

today, i must do:

today's goals:

today, i must contact:

notes

DAILY SCHEDULE

date:

6 am

7 am

8 am

9 am

10 am

11 am

12 am

1 pm

2 pm

3 pm

4 pm

5 pm

6 pm

7 pm

8 pm

9 pm

date:

M   W   T   Th   F   Sa   Su

TODAY'S TASK

Calls

Agendas

Follow -ups

Time	Task
_____	_____
_____	_____
_____	_____
_____	_____
_____	_____
_____	_____
_____	_____
_____	_____
_____	_____
_____	_____
_____	_____
_____	_____
_____	_____
_____	_____
_____	_____
_____	_____
_____	_____
_____	_____

DAILY DOCKET

Stay on top of where you need to be and which tasks definitely and positively must get done today

today's date:

today, i must do:

today's goals:

today, i must contact:

notes

DAILY SCHEDULE

date:

6 am

7 am

8 am

9 am

10 am

11 am

12 am

1 pm

2 pm

3 pm

4 pm

5 pm

6 pm

7 pm

8 pm

9 pm

date:

M   W   T   Th   F   Sa   Su

TODAY'S
TASK

Calls

_____
_____
_____
_____
_____
_____

Agendas

_____
_____
_____
_____
_____
_____

Follow -ups

_____
_____
_____
_____
_____

Time	Task
_____	_____
_____	_____
_____	_____
_____	_____
_____	_____
_____	_____
_____	_____
_____	_____
_____	_____
_____	_____
_____	_____
_____	_____
_____	_____
_____	_____
_____	_____
_____	_____
_____	_____
_____	_____
_____	_____
_____	_____
_____	_____
_____	_____

DAILY DOCKET

*Stay on top of where you need to
be and which tasks definitely and
positively must get done today*

today's date:

today, i must do:

today's goals:

today, i must contact:

notes

DAILY SCHEDULE

date:

- 6 am
- 7 am
- 8 am
- 9 am
- 10 am
- 11 am
- 12 am
- 1 pm
- 2 pm
- 3 pm
- 4 pm
- 5 pm
- 6 pm
- 7 pm
- 8 pm
- 9 pm

date:

M W T Th F Sa Su

TODAY'S TASK

Calls

Agendas

Follow -ups

Time	Task

DAILY DOCKET

Stay on top of where you need to be and which tasks definitely and positively must get done today

today's date:

today, i must do:

today's goals:

today, i must contact:

notes

DAILY SCHEDULE

date:

6 am

7 am

8 am

9 am

10 am

11 am

12 am

1 pm

2 pm

3 pm

4 pm

5 pm

6 pm

7 pm

8 pm

9 pm

date:

M   W   T   Th   F   Sa   Su

TODAY'S TASK

Calls

Agendas

Follow -ups

Time	Task
_____	_____
_____	_____
_____	_____
_____	_____
_____	_____
_____	_____
_____	_____
_____	_____
_____	_____
_____	_____
_____	_____
_____	_____
_____	_____
_____	_____
_____	_____
_____	_____
_____	_____
_____	_____
_____	_____
_____	_____

DAILY DOCKET

Stay on top of where you need to be and which tasks definitely and positively must get done today

today's date:

today, i must do:

today's goals:

today, i must contact:

notes

DAILY SCHEDULE

date:

6 am

7 am

8 am

9 am

10 am

11 am

12 am

1 pm

2 pm

3 pm

4 pm

5 pm

6 pm

7 pm

8 pm

9 pm

date:

M   W   T   Th   F   Sa   Su

TODAY'S TASK

Calls

Agendas

Follow -ups

Time	Task
_____	_____
_____	_____
_____	_____
_____	_____
_____	_____
_____	_____
_____	_____
_____	_____
_____	_____
_____	_____
_____	_____
_____	_____
_____	_____
_____	_____
_____	_____
_____	_____
_____	_____
_____	_____
_____	_____

DAILY DOCKET

Stay on top of where you need to be and which tasks definitely and positively must get done today

today's date:

today, i must do:

today's goals:

today, i must contact:

notes

DAILY SCHEDULE

date:

6 am

7 am

8 am

9 am

10 am

11 am

12 am

1 pm

2 pm

3 pm

4 pm

5 pm

6 pm

7 pm

8 pm

9 pm

TODAY'S TASK

date:

M   W   T   Th   F   Sa   Su

Calls

_____
_____
_____
_____
_____

Agendas

_____
_____
_____
_____
_____

Follow -ups

_____
_____
_____
_____

Time	Task
_____	_____
_____	_____
_____	_____
_____	_____
_____	_____
_____	_____
_____	_____
_____	_____
_____	_____
_____	_____
_____	_____
_____	_____
_____	_____
_____	_____
_____	_____
_____	_____
_____	_____
_____	_____
_____	_____
_____	_____

www.ingramcontent.com/pod-product-compliance
Lightning Source LLC
Chambersburg PA
CBHW081337090426

42737CB00017B/3176